COLLECTION

DE

Son Exc. Mr. de NELIDOW

ancien Ambassadeur de Russie à Paris

CATALOGUE

DES

OBJETS ANTIQUES

MARBRES, BRONZES, VERRERIE

CÉRAMIQUE, ORFÈVRERIE & OBJETS DIVERS

Provenant de la Collection

de

SON EXC. MR. DE NELIDOW

et dont la première vente après décès aura lieu

A PARIS, GALERIE GEORGES PETIT

8, Rue de Sèze

Les Mardi 23 et Mercredi 24 Mai 1911

à deux heures précises

Commissaire-Priseur :	Experts :
Mᵉ LAIR DUBREUIL	C. & E. CANESSA
6, Rue Favart	125, Avenue des Champs-Élysées
PARIS	PARIS

EXPOSITIONS

Particulière : Le Samedi 20 Mai 1911, de 1 h. 1/2 à 6 h.
Publiques : Les Dimanche 21 et Lundi 22 Mai 1911, de 1 h. 1/2 à 6 h.

CONDITIONS DE LA VENTE

Elle sera faite au comptant.

Les adjudicataires paieront dix pour cent en sus des enchères.

ORDRE DES VACATIONS

Le Mardi 23 Mai

Le Mercredi 24 Mai

BRONZES GRECS ET ROMAINS

1. — ANSE DE VASE.

A l'extrémité inférieure, un sphinx ailé se terminant en feuille de palmier.

Travail archaïque. — Longueur : 0 m. 19.

2. — POIGNÉE D'UNE POÊLE.

Deux vigoureuses tiges de lierre s'enlacent. Sur les tiges, des feuilles de lierre.

Époque romaine. Trouvée à Constantinople. — Hauteur : 0 m. 18.

3. — LAMPE.

Le manche de la lampe est orné d'une feuille.

Travail chrétien du iiiᵉ siècle. Trouvée à Constantinople. — Hauteur : 0 m. 04, longueur 0 m. 105.

4. — DEUX BRACELETS.

En forme de spirale.

Époque romaine. Trouvés à Constantinople. — Hauteurs : 0 m. 12 et 0 m. 101.

5. — TÊTE DE FEMME.

Elle a un diadème dans les cheveux ; derrière, un nœud de cheveux. Les cheveux recouvrent en partie les oreilles.

Hauteur : 0 m. 095.

6. — BUSTE DE SILÈNE.

Il est revêtu d'une peau agrafée sur l'épaule gauche et laissant libre le côté droit de la poitrine. La tête, barbue, couronnée de pampre, regarde en haut, à droite. La bouche est demi-ouverte, la barbe est frisée.

Travail romain du iᵉʳ siècle avant J.-C. Trouvé à Constantinople. — Hauteur : 0 m. 073.

7. — BUSTE DE BACCHANTE.

Applique. Chiton agrafé sur l'épaule gauche. Tête tournée à droite avec des pampres de vigne et du feuillage dans les cheveux. Sur chaque épaule retombe une boucle.

Travail romain. Trouvé à Constantinople. — Hauteur o m. 085.

8. — BUSTE D'HERMÈS.

Le buste repose sur un calice de feuilles qui, à son tour, est supporté par une hémisphère (grenade ?). On voit l'extrémité d'un vêtement sur l'épaule gauche, et dans les cheveux une petite boucle portant deux ailes. La tête est légèrement inclinée à droite.

Travail grec du vᵉ siècle avant J.-C. Trouvé à Constantinople. — Hauteur : o m. 065.

9. — BUSTE DE SÉRAPIS.

Le calathos est orné de trois rameaux d'olivier verticaux.

Travail grec d'une finesse exquise. iiiᵉ siècle avant J.-C. Trouvé à Constantinople. Belle patine brune. — Hauteur : o m. 045.

10. — BUSTE D'ATHÊNA.

La déesse porte l'égide et le casque corinthien allongé. La tête regarde fortement en haut vers la gauche. Dans la partie supérieure du panache on voit un trou horizontal. Cependant, il est très vraisemblable que ce buste d'applique ne servait pas comme poids.

Travail grec du iiiᵉ siècle avant J.-C. Trouvé à Constantinople. Patine vert sombre. — Hauteur : o m. 05.

11. — BUSTE DE SILÈNE.

Il représente Silène chauve. A droite et à gauche, au-dessus de ses oreilles en pointe, quelques feuilles de lierre. Barbe ondulée.

Travail romain du iiᵉ siècle avant J.-C. Trouvé à Constantinople. — Hauteur o m. 047.

12. — BACCHUS.

Il est assis sur un rocher tenant dans les bras une énorme grappe de raisin.

Travail grec. — Hauteur : o m. 04.

1₃. — ÉROS.

Anse de vase. Ruban, partie du carquois et yeux en argent.

Très joli travail hellénistique. — Hauteur : o m. o36.

14. — ÉROS.

Il court les jambes entièrement écartées.

Travail hellénistique. — Hauteur : o m. o4.

1₅. — ATTACHE D'ANSE.

Un Éros est assis à droite, sur le devant, s'appuyant sur la main droite et faisant de la main gauche un geste d'effroi, parce que, au-dessous de lui, un scorpion semble vouloir le piquer.

Motif ravissant. Travail grec du iii° siècle avant J.-C. Trouvée à Constantinople. — Hauteur : o m. o43.

16. — AMULETTE.

En forme de triangle. Deux quadrupèdes fouillent dans le sable· Au-dessus d'eux un grand poisson descend verticalement.

Byzantin ? Sur le revers l'inscription suivante :

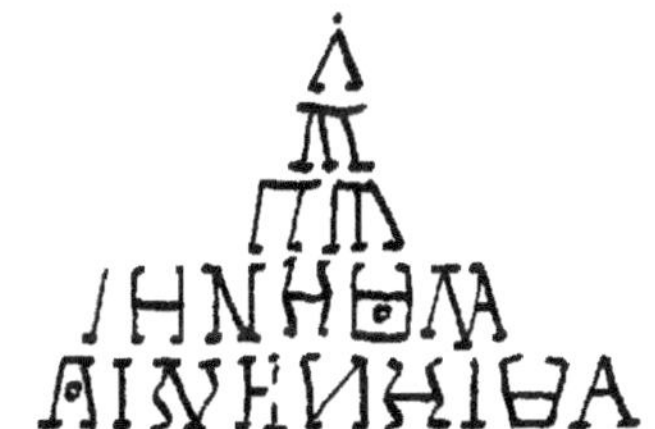

Hauteur : o m. o65.

17. — STYLET.

L'extrémité inférieure se termine en pointe et présente quatre arêtes. A la partie supérieure, une tête de bélier (o m. o28 de long) avec de grandes cornes entièrement percées. La tête est posée sur un corps rabougri et extraordinairement petit.

Travail archaïque du vi° siècle avant J.-C. Trouvé à Constantinople. — Hauteur : o m. 16.

18. — SPATULE.

A l'extrémité inférieure, une fente.

Superbe patine vert clair. Époque grecque. Trouvée à Constantinople. — Long. : o m. o85.

19. — HERMÈS.

Sortant d'un calice de plante, Eros surgit. Il tient contre sa poitrine une grappe de raisin avec ses deux mains. Poignée d'un stylet.

Travail grec du IIIe siècle avant J.-C. Trouvé à Constantinople. — Hauteur : 0 m. 054.

20. — STATUETTE PRIMITIVE.

Le personnage, nu, se tient debout, raide, les jambes fortement serrées l'une contre l'autre. Il tient ses deux bras sur ses seins.

Trouvée à Constantinople. — Hauteur : 0 m. 092.

21. — STATUETTE CASQUÉE.

Travail étrusque. — Hauteur : 0 m. 13.

22. — HÉRACLÈS.

Bronze représentant Héraclès jeune, portant une petite peau sur l'avant-bras gauche. Il est nu, la main droite rejetée en arrière, la jambe gauche en avant.

Patine vert sombre. Époque romaine. Trouvé à Constantinople. — Hauteur : 0 m. 105.

23. — ACTEUR COMIQUE.

Il est assis, avec le masque comique sur le visage, regardant à sa droite vers le haut, les jambes croisées. Il porte un himation qui enveloppe le bas du corps en laissant libre le côté droit du buste. Son visage s'appuie sur la main gauche. Il tient sa main droite horizontale contre le corps et au-dessous de la poitrine.

Travail grec. Trouvé à Constantinople. Patine vert sombre. Voyez : Salomon Reinach, *Répertoire de la statuaire grecque et romaine*, tome III, p. 273. — Hauteur : 0 m. 05.

24. — HÉRACLÈS.

Bronze représentant Héraclès courant, levant la main droite. Dans sa main gauche il tient une massue appuyée sur son épaule.

Trouvé à Constantinople. — Hauteur : 0 m. 055.

25. — HÉRACLÈS.

Il se tient debout sur la jambe droite. La tête est coiffée d'une peau de lion ; le reste de la peau tombe sur la moitié gauche du dos et du bras gauche. Dans la main droite il tient sa massue ; la main gauche est appuyée sur la hanche. La tête est barbue.

Travail grec du IIe siècle avant J.-C. Trouvé à Constantinople. — Hauteur : 0 m. 057.

26. — HERMÈS.

Il est debout sur la jambe droite. Sur sa tête un casque avec ailes. Sur l'épaule gauche, une chlamyde agrafée et jetée autour du bras gauche. Dans la main gauche, un kerykeion reposant sur l'épaule. Dans sa main droite, une petite bourse.

Travail grec du iie siècle avant J.-C. Trouvé à Constantinople. — Hauteur : o m. 07.

27. — HERACLÈS.

Il se tient debout sur la jambe droite, tenant sur la partie inférieure du bras gauche une peau de lion qui descend jusqu'aux pieds. Il tient sa massue dans la main gauche.

Très joli mouvement. Travail grec du iiie siècle avant J.-C. La base en bronze est antique. Trouvé à Constantinople. — Hauteur : o m. 07.

28. — HERMÈS.

Il se tient debout. Dans ses cheveux il porte deux ailes. Sur l'épaule droite on voit une petite chlamyde agrafée et rejetée par dessus le bras gauche. Dans sa main gauche il tient appuyé sur son épaule le kerykeion.

Travail grec du iie siècle avant J.-C. Trouvé à Constantinople. — Hauteur : o m. 06.

29. — ZEUS.

Le personnage se tient debout, nu, avec une chlamyde enroulée autour du bras gauche. Dans sa main droite il tient un faisceau d'éclairs. La main gauche est levée en l'air.

Trouvé à Constantinople. — Hauteur : o m. 06.

30. — ZEUS.

Zeus se tient debout, tout nu, sur la jambe gauche. La main gauche est levée. Dans sa main droite abaissée, il tient un faisceau d'éclairs. La tête regarde droit devant elle. Chevelure abondante.

Excellent travail grec du iiie siècle avant J.-C. Trouvé à Andrinople. Voir planche VIII. — Hauteur : o m. 12.

31. — NIKÉ.

Elle s'élance vivement, le pied gauche en avant. Elle est revêtue d'une draperie s'appuyant sur l'épaule gauche et s'enroulant ensuite autour du ventre et de l'extrémité du bras gauche. La partie supérieure du buste

est nue. Elle porte dans les cheveux une sorte de ruban. Autour du
visage, les cheveux sont ondulés en forme de cercles. Le regard se dirige
vers le haut. Les yeux en argent manquent.

Travail alexandrin. Trouvée à Constantinople. — Hauteur : o m. 093.

32. — NIKÉ.

Elle plane légèrement, se tenant sur une boule sur la pointe des pieds.
La main droite, fermée et étendue en avant, portait une couronne. La
main gauche est écartée sur le côté. Elle porte un chiton dorien ceint
très haut et agrafé sur l'épaule gauche; le côté droit de la poitrine est
laissé libre. Le bas du chiton est gonflé par le vent. La tête est légèrement
penchée en avant et vers la droite; le regard se dirige vers le bas. Les
cheveux sont attachés très haut; sur la nuque les cheveux sont noués.
Les ailes étaient ajustées dans des cavités assez longues qui subsistent
encore.

Travail grec de la fin du IVe siècle avant J.-C. Trouvée à Constantinople.
Voyez : Salomon Reinach, *Répertoire de la statuaire grecque et romaine*, tome III, p. 258.
— Hauteur : o m. 138.

33. — APHRODITE.

La déesse se tient debout, toute nue, sur la jambe gauche, et couvre
son sein gauche de sa main droite. De sa main gauche, elle cache ses
parties naturelles. Dans les cheveux elle porte un diadème et un nœud
d'où partent à droite et à gauche des boucles retombant sur le dos et
sur la poitrine. Les yeux regardent à gauche.

Travail grec du IIe siècle avant J.-C. Trouvée à Constantinople. — Hauteur : o m. 117

34. — APHRODITE.

Elle est debout, nue, les genoux un peu recourbés; avec ses deux
mains elle tient les extrémités des boucles de ses cheveux. Un diadème
est posé dans les cheveux.

Travail romain. Trouvée à Constantinople. — Hauteur : o m. 067.

35. — APHRODITE.

La déesse est debout, nue, sur la jambe droite. Elle s'enroule autour
de la poitrine une bandelette qui fait déjà un tour au-dessous des seins,
et qu'elle tire maintenant pour la serrer avec la main droite. Elle tient

la main gauche sur le sein gauche. Dans les cheveux, qui sont noués
en arrière, est posé un diadème. Elle regarde à moitié sur la droite.

Travail grec du iii⁰ siècle avant J.-C. Trouvée à Constantinople. Belle patine. Comparer :
Journal allemand d'archéologie, 1864, planche 183.3. — Voyez aussi : Salomon Reinach,
Répertoire de la statuaire grecque et romaine, tome III, p. 256. — Hauteur : 0 m. 074.

36. — TORSE D'APHRODITE.

La déesse se tient toute nue sur la jambe droite, ayant deux boucles
de cheveux sur chaque épaule. Elle tient la main droite devant elle, le
coude plié. Son bras gauche est recourbé, les mains sont ouvertes comme
si elle voulait saisir quelque chose. Bracelets au poignet gauche et au
bras droit.

Très joli fragment. Travail grec du iii⁰ siècle avant J.-C. Trouvé à Constantinople.
Voir planche IX. — Hauteur : 0 m. 27.

37. — ISIS.

Elle se tient debout sur la jambe gauche, portant dans la main gauche
une corne d'abondance. Elle porte un chiton et un himation autour du
ventre et de l'épaule gauche.

Travail romain du i⁰ siècle avant J.-C. Trouvée à Constantinople. — Hauteur : 0 m. 10.

38. — ISIS FORTUNA.

Elle est debout, entièrement habillée, le chiton et l'himation laissant
libre le sein gauche. Calathos sur la tête, laquelle est recouverte derrière
par l'himation. Dans sa main gauche elle tient la corne d'abondance
reposant sur l'épaule. Avec sa main droite elle semble tenir un gou-
vernail.

Travail romain du i⁰ʳ siècle avant J.-C. Trouvée à Constantinople. — Hauteur : 0 m. 044.

39. — ISIS.

La déesse est en chiton et en himation. Les cheveux sont partagés
sur le front et, sur chaque épaule, retombe une boucle. A droite et à
gauche du diadème, un serpent. Au-dessus du diadème un disque
solaire, des épis, et, enfin, quatre plumes. Les yeux regardent à gauche.

Travail romain de l'époque d'Auguste. Trouvée à Constantinople. Voir planche IX. —
Hauteur : 0 m. 168.

40. — STATUETTE DE FEMME.

Elle est debout, revêtue d'un chiton.

Hauteur : 0 m. 073.

41. — HÉRACLÈS.

Il est ivre et chancelle sur la jambe droite. Dans sa main droite il tient une corne pour boire; une peau de lion recouvre la partie inférieure du bras gauche.

Cette œuvre d'une très grande puissance artistique a dû servir de maquette pour une grande statue. Dans les fonds la patine verte s'est bien formée, tandis que dans les autres parties on voit une patine brune. On rencontre des patines analogues dans des pièces de monnaies.

Travail grec du IIe siècle avant J.-C. Trouvé à Constantinople. Voir planche VIII. — Hauteur : o m. 187.

42. — HARPOCRATE-PANTHÉE.

Il est nu, marchant en avant, l'index de la main droite rapproché de la bouche. Le dieu a les formes enfantines d'un amour grec; ses cheveux sont noués en krobyle au-dessus du front, et derrière ce krobyle se dresse un petit pschent égyptien. La main gauche tient les restes d'une corne d'abondance.

Art alexandrin du IIe siècle avant J.-C. Voir planche VIII. — Hauteur : o m. 102. Travail exquis.

43. — ALEXANDRE LE GRAND.

Bronze attribué à Lysippe, représentant Alexandre debout, nu, se tenant sur la jambe droite, la main gauche appuyée sur la hanche. Le bras droit, relevé fort haut, s'appuyait sans aucun doute sur la hampe d'une lance. La figure a une expression d'assurance qui voisine avec le défi. Les musculatures du dos et du ventre sont fortement traitées. Les cheveux sont ciselés et présentent un étranglement circulaire, qui doit être probablement la trace d'une couronne.

Trouvé à Constantinople. Comparer : Arndt, vente au détail, série III, p. 29 et suiv. Helbig, guide II. Publié par Wulff. — Voyez aussi : Salomon Reinach, *Répertoire de la statuaire grecque et romaine*, tome III, p. 159. — Voir planche VII. – Hauteur : o m. 10.

44. — TÊTE DE MINERVE.

Elle est coiffée d'un casque corinthien. Les cheveux sont coiffés en bandeaux ondulés tombant en arrière.

Art grec du IVe siècle avant J.-C. Superbe patine verte. Voir planche IX. — Hauteur : o m. 085.

45. — BŒUF ZÉBU.

L'animal a la tête penchée et regarde à droite d'un air sauvage. Les cornes, les oreilles, les sourcils et la queue sont ciselés. Les narines sont creusées.

Fragment japonais trouvé à Athènes. — Hauteur : o m. 122 ; longueur : o m. 195.

46. — ZÉBU.

Il est debout, la tête levée.

Travail archaïque. Trouvé à Constantinople. — Hauteur : o m. 053, longueur : o m. 075.

47. — ZÉBU.

Il est debout, la tête levée en l'air.

Travail grec. Trouvé à Constantinople. — Hauteur : o m. 058 ; longueur : o m. 087.

48. — TAUREAU.

L'animal se tient debout, la tête levée.

Travail romain. Trouvé à Constantinople. — Hauteur : o m. 051 ; longueur : o m. 052.

49. — TAUREAU.

La tête est tournée vers la gauche.

Travail grec du iie siècle avant J.-C. Trouvé à Constantinople. Patine vert sombre. — Hauteur : o m. 02 ; longueur : o m. 04.

50. — TÊTE DE TAUREAU.

Les cornes sont recourbées en dedans. Les paupières sont indiquées par un renflement.

Travail archaïque. Trouvé à Constantinople. — Hauteur : o m. 06.

51. — RHYTON.

Il est sous la forme d'une tête de taureau. Les cornes commencent seulement à pousser au jeune taureau. Elles portent tout autour une couronne de poils ciselés.

Travail grec du ive siècle avant J.-C. Trouvé à Sinope. — Longueur : o m. 057 ; diamètre de l'embouchure du Rhyton : o m. 038.

52. — CHEVAL.

Le poulain marche la tête un peu penchée à gauche, levant la patte gauche.

Travail grec du iiie siècle avant J.-C. Trouvé à Constantinople. — Hauteur : o m. 058 ; longueur : o m. 06.

53. — CHIEN.

Époque archaïque. — Hauteur : o m. 04 ; longueur : o m. 09.

54. — COQ.

Il s'avance tournant la tête vers la droite.

Travail grec. Trouvé à Constantinople. — Hauteur : o m. 029.

55. — AIGLE.

Regardant en l'air à gauche, au moment de prendre son vol.

Travail grec du iie siècle avant J.-C. Trouvé à Constantinople. — Hauteur : o m. 04.

56. — AIGLE.

Il est assis sur une base qui, par devant, se termine en forme de langue. Il a la tête dirigée vers la droite.

Travail romain. Trouvé à Constantinople. — Hauteur : o m. 042.

57. — AIGLE.

Il est assis sur une tête de cerf, la tête levée, entre les bois du cerf.

Travail grec. Trouvé à Constantinople. — Hauteur : o m. 043.

58. — TÊTE DE BOUC.

La tête est posée sur une branche. Manche d'un stylet.

Époque romaine. Trouvée à Constantinople. — Hauteur : o m. 06.

59. — TÊTE DE TAUREAU.

Trouvée à Constantinople. — Hauteur : o m. 032.

AIGLE.

Trouvé à Constantinople. — Hauteur : o m. 048.

CHEVAL.

Trouvé en Thrace. — Hauteur : o m. 036.

3 pièces. Époque romaine.

60. — FAUCON.

Hauteur : o^m 035.

PIGEON.

Hauteur : o m. o3.

CHEVAL.

3 pièces. Travail romain. Trouvés à Constantinople.

61. — ZEUS.

Très probablement une applique. Il regarde droit devant lui.
L'expression est pleine de majesté.

Très bon travail hellénistique. Trouvé à Constantinople. — Hauteur : o m. o36.

62. — AMULETTE.
HERMÈS.
MERCURE.

3 pièces. Travail romain, basse époque.

63. — BOUCLE DE CEINTURE.

L'une des parties de la boucle est engagée, au moyen de deux
têtes d'animaux la gueule ouverte, dans les deux anneaux de l'autre
partie.

Travail étrusque. Trouvée en Italie. — Hauteur : o m. o64.

64. — TÊTE DE FAUNE.

Applique.

Basse époque romaine. Trouvée à Constantinople. Hauteur : o m. o45.

65. — BRAS DROIT D'UNE STATUETTE.

La main tient un objet qui, dans le bas, se termine en forme de
corne. Le morceau qui reste encore va jusqu'au milieu de la partie
supérieure du bras.

Travail grec exquis. III° siècle avant J.-C. Trouvé à Constantinople. — Longueur : o m. o63.

66. — JAMBE.

Ce fragment commence à partir d'un peu plus bas que le genou. La
partie inférieure est fortement recourbée en avant.

Très bon travail grec. IVe siècle avant J.-C. Trouvée à Constantinople. — Hauteur : o m. o4,
longueur : o m. o25.

67. — DEUX APPLIQUES.

L'une représente le buste d'Athéna et l'autre le buste d'Éros.

Basse époque romaine. Trouvées à Constantinople. — Hauteurs : o m. 044.

68. — DEUX MASQUES.
PETIT BUSTE.

Applique représentant Minerve.

3 pièces. Époque romaine.

69. — POIDS.

Figure drapée et casquée.

Basse époque romaine. Trouvé à Constantinople. — Hauteur : o m. o6.

BAGUE.

Forme de clef.

2 pièces.

70. — DEUX PETITES TÊTES D'APPLIQUE.

Époque romaine. Trouvées à Constantinople. Hauteurs : o m. o2 et o m. o18.

71. — DEUX OSSELETS.
PETIT AUTEL.

Sur l'autel se trouve une tête d'animal.

Basse époque romaine. Deux pièces trouvées à Constantinople.

72. — RASOIR.
FORME D'ORFÈVRE.

Deux figures sont gravées sur l'une des faces, une autre figure sur la deuxième face.

Époque romaine. Deux pièces.

73. — TROIS POINTES DE FLÈCHES.

A trois arêtes.

Hauteurs : o m. o4, o m. o3 et o m. o26.

PARTIE D'UNE ÉPINGLE.

Hauteur : o m. o51.

Quatre pièces. Trouvées à Constantinople.

74. — PETITE TÊTE.

Manche de stylet. La tête est chauve sur un cou très long. Le type a quelque chose d'égyptien.

Trouvée à Constantinople. — Hauteur : o m. o3.

75. — PIED DE TAUREAU.

Ne faisait sans doute pas partie d'une statuette, mais constituait, comme pied, une partie d'un instrument.

Époque romaine. Trouvé à Constantinople. — Hauteur : o m. o82.

76. — PIED GAUCHE.

Trouvé à Constantinople. — Hauteur : o m. o12 ; longueur : o m. o29.

77. — PIED GAUCHE.

Trouvé à Constantinople. — Hauteur : o m. o3, longueur : o m. o37.

78. — TÊTE D'UN BATON DE DÉFENSE.

Sur la surface extérieure neuf pointes en forme de cornes.

Époque romaine. Touvée à Sorrente. — Hauteur : o m. o28.

79. — DEUX ANSES.

Sur l'une, Pégase, et sur l'autre une tête de cheval.

Basse époque romaine. Trouvées à Constantinople.

80. — FRAGMENT DE TRÉPIED.

Tête et pied de lion.

PETIT TERME.

MANCHE DE STYLET.

Tête de bélier.

Trois pièces. Travail romain. Trouvées à Constantinople.

81. — LAMPE.

Sur le manche une tête de cerf.

Travail romain. Basse époque.

FRAGMENT DE LAMPE.

Travail romain. Basse époque.

2 pièces. Trouvées à Constantinople.

82. — PARTIE D'ANSE.

APPLIQUE.

Buste d'Artémis.

2 pièces. Basse époque romaine. Touvées à Constantinople.

83. — DEUX PIEDS.

Avec sandales.

Trouvés à Constantinople.

84. — BATON D'ASCLEPIOS.

Un serpent est enroulé autour du bâton.

Hauteur : 0 m. 055.

PARTIE D'UN INSTRUMENT.

Hauteur : 0 m. 069.

Deux pièces. Trouvées à Constantinople. Époque romaine.

85. — PARTIE D'UN INSTRUMENT.

A quatre faces. Sur le côté supérieur, à chaque face, un anneau, et entre les arêtes, un serpent enroulé sur lui-même.

Travail grec. — Hauteur : 0 m. 027 ; longueur : 0 m. 05.

PIED D'UN INSTRUMENT.

Forme d'une patte d'animal.

Travail grec. — Hauteur : 0 m. 033.

2 pièces trouvées à Constantinople.

86. — FIBULE.

BOUCLE DE CEINTURE.

2 pièces. Trouvées à Constantinople.

87. — DEUX FIBULES.

DEUX FRAGMENTS DE FIBULES.

L'un des fragments représente un animal fantastique, l'autre, une tête d'homme de profil.

4 pièces. Trouvées à Constantinople.

PLOMBS

88. — APPLIQUE.
Tête de femme.
PETIT VASE.
PETIT VASE.
FRAGMENT DE STATUETTE.
4 pièces.

89. — PLAQUE.
En haut une frise horizontale encadrée par une bordure dans laquelle serpentent des rayures. Cette frise est composée de motifs comprenant trois feuilles réunies et deux tiges de fruits.

En dessous de cette frise la plaque est divisée en deux parties par une colonne. La partie la plus petite renferme, au milieu, un masque de méduse, de face; en haut deux feuilles de lierre et deux feuilles de châtaignier; de même en bas. L'autre partie renferme, au milieu, un masque de méduse de face entouré de quatre dauphins qui sautent, et entre lesquels se trouvent quatre feuilles de lierre.

Travail grec. Trouvée à Constantinople. Hauteur : o m. 345 ; longueur : o m. 41.

ART ÉGYPTIEN

90. — TÊTE DE SCRIBE.
En basalte noir. Très bien modelée. L'expression de la figure est souriante.

XVIII° dynastie. Voir planche I. — Hauteur : o m. 12.

91. — CRAPAUD.
En pierre.
Hauteur : o m. 02.

92. — PETIT CROCODILE.
En pierre.
Longueur : o m. 04.

93. — PETIT BAS-RELIEF.

En pâte, représentant une divinité debout frappant un animal.

Longueur : o m. 07.

94. — SCARABÉE.

Il est en pierre calcaire. L'animal est très bien modelé. En dessous des inscriptions.

Longueur : o m. 10.

95. — LOT DE CINQ PETITS SCARABÉES.

Avec inscriptions hiéroglyphiques.

96. — TÊTE DE CHAT.

En bronze.

Hauteur : o m. 093.

97. — IBIS.

Statuette en bronze. L'oiseau est assis.

Voir planche I. — Hauteur : o m. 09.

98. — OSIRIS.

Pose ordinaire. Statuette en bronze.

XVIIIe dynastie. Voir planche I. — Hauteur : o m. 275.

99. — OSIRIS.

Le dieu est debout. Il est coiffé de l'atef et tient le pedum et le flagellum.

Statuette en bronze.

Hauteur : o m. 23.

100. — OSIRIS.

Le dieu est debout et porte la couronne. Statuette en bronze.

Hauteur : o m. 18.

101. — HORUS.

Statuette en bronze.

Hauteur : o m. 098.

102. — AMULETTE.

Elle est en bronze et représente Isis debout.

Hauteur : o m. 05.

103. — CHAT.

Assis. Statuette en bronze.

Hauteur : o m. 06.

104. — ISIS.

Statuette en pierre représentant Isis assise, tenant Horus sur ses genoux.

Hauteur : o m. 13.

105. — DEUX STATUETTES FUNÉRAIRES.

Elles sont en terre cuite émaillée turquoise.

Hauteurs : o m. 16 et o.m 10.

106. — BES.

Amulette en terre cuite émaillée.

Hauteur : o m. 035.

107. — PTAH.

Amulette en terre cuite émaillée bleue turquoise.

Hauteur : o m. 025.

108. — LOT DE DEUX AMULETTES.

En terre cuite émaillée représentant l'une une tête de lion et l'autre Isis allaitant Horus.

109. — LOT DE QUATRE AMULETTES.

En terre cuite émaillée bleue turquoise représentant des divinités égyptiennes diverses.

110. — AMULETTE.

Elle est en ivoire et représente un chat assis.

Hauteur : o m. 02.

111. — TABLETTE.

En terre cuite émaillée représentant sur l'une des faces une tête de lion et sur l'autre des ornements.

DEUX FRAGMENTS DE STATUETTES.

COLLIER.

Il est formé de petites rondelles en terre cuite émaillée bleue turquoise.
4 pièces.

112. — TÊTE DE SARCOPHAGE.

C'est une tête de femme en bois polychromé.
Hauteur : 0 m. 27.

VERRERIE

113. — PETIT AMPHORISQUE.

Deux anses. Fond bleu. Décoration verte.
Hauteur : 0 m. 085.

114. — PETIT AMPHORISQUE.

Deux anses. Fond bleu, décoration jaune. Belle irisation. Travail phénicien.
Hauteur : 0 m. 065.

115. — VASE.

Forme alabastre. Fond bleu. Décoration verte et jaune.
Hauteur : 0 m. 095.

116. — PETIT VASE.

En verre blanc, orné de festons à zigzags. Traces d'irisation bleue.
Hauteur : 0 m. 066.

117. — PETITE COUPE.

Pâte brune. Cannelures à reliefs. Traces d'irisation.
Diamètre : 0 m. 150.

118. — VASE.
Avec couvercle. Forme sphérique.
Hauteur : o m. 085.

119. — BOUTEILLE.
Deux renflements. Irisation nacrée.
Hauteur : o m. 12.

120. — FLACON PIRIFORME.
Long col. Irisation nacrée.
Hauteur : o m. 185.

121. — BOUTEILLE.
Panse sphérique; large anse cannelée en pâte verte.
Hauteur : o m. 166.

122. — FLACON.
Long col. Belle irisation multicolore.
Hauteur : o m. 222.

123. — PETIT GOBELET.
Large goulot; cannelé. Traces de belle irisation.
Hauteur : o m. 115.

124. — BOUTEILLE.
Large anse à festons. Traces d'irisation.
Hauteur : o m. 10.

125. — PETIT VASE CANNELÉ.
Irisation dorée.
Hauteur : o m. 109.

126. — FIOLE.
Forme de chandelier. Irisation verte.
Hauteur : o m. 13.

127. — PETITE STATUETTE.
Divinité debout.

QUATRE MASQUES.
En pâte de verre.
5 pièces.

128. — BATTANT DE CLOCHE.
Pâte de verre. Irisation bleue.
Hauteur : o m. 155.

129. — LOT DE FIOLES.

130. — LOT DE PETITS VASES ET FRAGMENTS.

CÉRAMIQUE

Vases de style corinthien.

131. — VASE.
Animaux et dessins géométriques. Fond blanc et figures rouges.
Hauteur : o m. 19.

132. — DEUX VASES.
Dessins géométriques et dessins en reliefs. Formes différentes.
Hauteurs : o m. 18 et o m. 27.

133. — DEUX VASES.
Différentes formes. Dessins géométriques. Fond blanc.
Hauteurs : o m. 10 et o m. 15.

134. — QUATRE PETITS VASES.
Dessins géométriques.

135. — ARYBALLE.
Aigle et canard. Fond blanc et dessins polychromes.
Hauteur : o m. 15.

136. — ARYBALLE.
Oiseaux. Fond blanc et figures polychromes.
Hauteur : o m. 13.

137. — GRANDE COUPE (SKYPHOS).
Trois femmes au milieu de fleurs. Deux sphinx. Fond blanc et dessins polychromes.
Hauteur : o m. 10.

138. — DEUX ALABASTRES.
Sphinx ailés et oiseaux. Fond noir et figures polychromes.
Hauteurs : o m. 11 et o m. 08.

139. — TROIS VASES CORINTHIENS.
Dessins géométriques. Fond blanc.

VASES

de l'Attique ou de style athénien

140. — LÉCYTHE.
Une femme portant un coffret. Fond noir et figure rouge.
Hauteur : o m. 14.

141. — PETIT LÉCYTHE.
Scène de gynécée. Fond rouge et figures noires.
Hauteur : o m. 24.

142. — PETIT LECYTHE.
Quadrige arrêté. Fond rouge et figures noires.
Hauteur : o m. 195.

143. — PÉLIKÉ.

Fond rouge et figures noires. Le premier dessin représente deux personnages en train de dépecer un sanglier. L'autre, deux personnages dont l'un jouant de la lyre.

Travail archaïque du vᵉ siècle avant J.-C. — Hauteur : o m. 255.

144. — HYDRIE.

Fond noir et figures rouges.

Hauteur : o m. 15.

145. — ŒNOCHOÉ.

Une femme dansant. Fond rouge et figures noires.

Hauteur : o m. 18.

146. — AMPHORE PANATHÉNAIQUE.

Deux têtes de cheval de profil regardant vers la droite. Fond rouge et figures noires. La crinière et l'œil de chaque tête sont traités en rouge foncé.

Voyez planche XII. — Hauteur : o m. 35.

147. — DEUX PETITS LÉCYTHES.

L'un présente des dessins géométriques et l'autre des feuilles de lierre. Fond rouge et figures noires.

Hauteurs : o m. 10 et o m. 12.

148. — HYDRIE.

Elle est à fond rouge et dessins noirs, représentant des ornements et feuilles de vigne.

Hauteur : o m. 40.

149. — PATÈRE.

Scène de bain. Un masseur se tient debout avec son strygile à la main. Fond noir et figures rouges.

Diamètre : o m. 22.

150. — DEUX ŒNOCHOÉS.

Fond noir.

Hauteurs : o m. 12 et o m. 09.

151. — LOT DE TROIS PETITS VASES.
Différentes formes. Fond noir et figures rouges.

VASES

de Style Campanien

152. — CRATÈRE.
Une femme se regarde dans un miroir entre un satyre et un amour.
Fond noir; figures rouges et polychromes.
Hauteur : o m. 36.

153. — DEUX CRATÈRES.
Fond noir et figures rouges.
Hauteur : o m. 25.

154. — PELIKÉ.
Tête de femme regardant un animal. Fond noir et figures rouges.
Hauteur : o m. 17.

155. — LOT DE TROIS VASES.
Fond noir et figures rouges.

156. — DEUX ŒNOCHOÉS.
Fond noir.
Hauteurs : o m. 21 et o m. 28.

VASES

à reliefs et formes diverses

157. — VASE EN FORME DE SIRÈNE.
Archaïque vi[e] siècle.
Longueur : o m. 13; hauteur: o m. 12.

158. — TROIS PETITS VASES.
Avec reliefs.

159. — DEUX VASES.
Forme sphérique.

AMPHORE.
3 pièces.

160. — PETITE FIOLE.
Avec dessins en reliefs.

PETIT VASE.
Avec la tête de Jupiter en relief.
2 pièces.

161. — PETIT VASE.
Formé par la juxtaposition de deux masques.

162. — FLACON EN FORME D'AMANDE.
Deux personnages en relief.

PETIT VASE.
Fond noir. Aigle et personnage en relief.
2 pièces.

163. — DEUX COUPES.
L'une avec dessins en reliefs.

164. — PETIT VASE.
Avec goulot et anse.

PETIT VASE.
Fond rouge, dessins noirs.
2 pièces.

165. — DEUX PETITES MARMITES.
Deux anses avec dessins.

166. — DEUX KYLIX.
L'un présente des dessins géométriques. Fond noir et figures rouges.

167. — TROIS ŒNOCHOÉS.
Fond noir.

168. — DEUX SKYPHOS.
Fond noir et figures rouges. Chouettes, tête de femme et dessins géométriques.

169. — KYLIX.
Fond noir et figures rouges.

QUATRE SKYPHOS.
5 pièces.

170. — TROIS PETITS LÉCYTHES.

ŒNOCHOÉ.
Avec cannelures.
4 pièces.

171. — HUIT COUPES.
Formes différentes.

172. — SIX PETITS VASES.
Formes diverses.

173. — TROIS PETITS VASES.
Dessins gravés. Anses.

174. — HUIT PETITS VASES.
Formes diverses.

175. — DEUX ALABASTRES.

176. — CINQ VASES.
Formes de flacons.

177. — SEPT PETITS VASES.
Formes de flacons.

178. — NEUF PETITES LAMPES.
Avec figures en relief.

179. — TREIZE PETITES LAMPES.
Formes diverses.

FIGURINES EN TERRE CUITE

180. — FEMME DEBOUT.
Drapée, tenant la main droite sur son sein droit. Traces de coloration rouge.
Hauteur : 0 m. 195.

181. — FEMME DEBOUT.
Elle porte une bourse dans la main droite et l'appuie sur son corps.
Hauteur : 0 m. 20.

FEMME DEBOUT.
Même sujet.   .
Hauteur : 0 m. 21.
2 pièces.

182. — FEMME DEBOUT.
Elle est drapée et maintient sur sa tête un vase avec sa main droite.
Hauteur : 0 m. 23.

183. — FEMME ASSISE SUR UN SIÈGE.

Elle porte un himation qui lui recouvre le derrière de la tête. Des boucles de cheveux retombent sur sa poitrine.

Style archaïque. — Hauteur : o m. 10.

184. — FEMME ASSISE SUR UN SIÈGE.

Elle porte une coiffure haute sur la tête.

Hauteur : o m. 15.

185. — FEMME ASSISE SUR UN SIÈGE.

Hauteur : o m. 10.

FEMME ASSISE SUR UN SIÈGE.

Hauteur: o m. 085.

2 pièces.

186. — FEMME ASSISE SUR UN SIÈGE.

Hauteur : o m. 093.

FEMME ASSISE SUR UN SIÈGE.

Hauteur : o m. 09.

2 pièces.

187. — FEMME DEBOUT.

Drapée, portant un objet dans la main droite.

Hauteur : o m. 17.

188. — SILÈNE.

Il est nu, son himation enroulée autour de l'épaule gauche. Sa tête est penchée légèrement vers la droite.

Travail plein d'esprit. — Hauteur : o m. 09.

189. — SILÈNE.

Il est nu, tenant sa draperie autour des jambes, la tête légèrement penchée vers la droite.

Hauteur : o m. 10.

PETIT HERMÈS.

Hauteur : o m. 075.

2 pièces.

190. — STATUETTE COMIQUE.

Le personnage est en train de retirer son vêtement avec sa main gauche.

Hauteur : o m. 10.

191. — JEUNE HOMME.

Debout, portant une bourse dans la main droite, et tenant sa draperie enroulée autour de l'avant-bras gauche. Il est en train de rire.

Hauteur : o m. 135.

192. — JEUNE TANAGRÉENNE.

Elle est debout, drapée, portant une grappe de raisin dans la main gauche.

Hauteur : o m. 13.

JEUNE TANAGRÉENNE.

Même description que la précédente, sauf qu'elle porte la grappe de raisin dans la main droite.

Hauteur : o m. 12.

2 pièces.

193. — JEUNE TANAGRÉENNE.

Elle est debout, drapée, la tête légèrement penchée à gauche, le poing droit appuyé sur la hanche.

Très joli mouvement. — Hauteur : o m. 17.

194. — JEUNE TANAGRÉENNE.

Elle est debout, drapée, la tête couverte par une partie de son himation. Ses deux bras s'appuient sur la poitrine, relevant légèrement les pans de son vêtement. Le visage a une très jolie expression.

Voyez planche XII. — Hauteur : o m. 19.

195. — JEUNE TANAGRÉENNE.

Elle est assise, drapée, un diadème dans les cheveux. La tête est légèrement penchée vers la droite et regarde vers le bas. Les jambes sont croisées.

Très joli mouvement. — Voyez planche XII. — Hauteur : 10 × o m. 14.

196. — HÉRACLÈS JEUNE.

Il est debout, nu, tenant une massue dans sa main droite, et portant une peau de lion sur son bras gauche.

Hauteur : o m. 16.

197. — GROUPE.

Représentant un homme et une femme enlacés.

Hauteur : o m. 14.

198. — STATUETTE DE FEMME.

Elle est assise sur un rocher.

La tête manque. Très joli mouvement. — Hauteur : o m. 14.

PERSONNAGE.

Il est coiffé d'un bonnet pointu.

Hauteur : o. m. 13.
2 pièces.

199. — GROUPE.

Deux petits Amours tenant un bouc par les cornes.

Hauteur : o m. 075.

GROUPE.

Coq poursuivant un enfant.

Hauteur : o m. 07.
2 pièces.

200. — DANSEUSE.

Maintenant sa draperie sur la hanche gauche pour rendre ses mouvements plus libres.

Hauteur : o m. 16.

201. — DANSEUSE.

Le torse nu, tenant un bandeau autour de son cou.

Hauteur : o m. 17.

202. — DEUX STATUETTES D'ÉROS.

Traces de coloration rouge. — Hauteurs : o m. 17 et o m. 13.

203. — JEUNE TANAGRÉENNE.

Debout, drapée, un diadème dans les cheveux.

Hauteur : o m. 11.

FEMME DEBOUT, DRAPÉE.
La tête manque.
Hauteur : 0 m. 22.
2 pièces.

204. — TROIS STATUETTES.
Représentant deux femmes debout, et drapées. L'une d'elles a la face voilée.
Hauteurs : 0 m. 115, 0 m. 12 et 0 m. 10.

205. — PERSONNAGE DEBOUT.
Il porte un instrument derrière les épaules.
Hauteur : 0 m. 24.

206. — FEMME DEBOUT.
Drapée, portant un diadème dans les cheveux.
Hauteur : 0 m. 27.

207. — FEMME DEBOUT.
Drapée, les deux mains sur la poitrine.
Hauteur : 0 m. 19.

208. — FEMME DEBOUT.
Elle est en train d'enrouler la partie supérieure de son himation autour de son cou.
Hauteur : 0 m. 25.

209. — FEMME DEBOUT.
Drapée et portant un diadème dans les cheveux.
Hauteur : 0 m. 29.

210. — FEMME DEBOUT.
Elle est en train de marcher, et soulève sa draperie avec la main gauche. Diadème dans les cheveux.
Hauteur : 0 m. 23.

211. — FEMME DEBOUT.

Drapée, le poing gauche sur la hanche, les jambes croisées.
Hauteur : o m. 23.

212. — FEMME DEBOUT.

Drapée, la main gauche appuyée sur les reins.
Hauteur : o m. 19.

213. — FEMME DEBOUT.

Elle est drapée, portant son himation autour de la tête; dans sa main gauche, un plat de fruits.
Hauteur : o m. 21.

214. — BUSTE DE FEMME.

La tête est légèrement penchée vers la droite; elle porte un diadème dans les cheveux. Le buste repose sur un socle.
Terre rouge. — Hauteur : o m. 235.

215. — ÉROS.

Il est debout, portant des fruits dans sa main gauche.
Hauteur : o m. 22.

216. — GROUPE.

Femme debout, drapée, portant un enfant sur l'épaule gauche; un autre enfant est debout à sa droite.
Hauteur : o m. 30.

217. — TROIS TORSES DE GUERRIERS.

DEUX FRAGMENTS.
5 pièces.

218. — SIX TORSES D'HOMMES ET DE FEMMES.

219. — QUATRE FRAGMENTS DE STATUETTES.
Bustes de femmes.

220. — QUATRE PETITS BAS-RELIEFS.

221. — SEPT PIÈCES.
Bras et mains.

TROIS PIEDS.
10 pièces.

222. — VINGT-SIX FRAGMENTS DE MASQUES ET DE TÊTES.

223. — QUATRE TÊTES.

MASQUE COMIQUE.
5 pièces.

224. — QUATORZE FRAGMENTS DE STATUETTES (TORSES).

225. — FRAGMENTS DIVERS.
11 pièces.

226. — VINGT TÊTES DE FEMMES.

227. — DIX-SEPT TÊTES D'HOMMES.

SEPT TÊTES D'ENFANTS.
24 pièces.

228. — VINGT TÊTES DE FEMMES.

229. — VINGT TÊTES DE FEMMES.

230. — DIX-NEUF TÊTES DE FEMMES.

231. — CINQ PETITS CARRÉS.
Avec figures et inscriptions.

MARBRES

232. — FRAGMENT DE STATUETTE.

Le personnage a sur la tête un petit calathos; les cheveux retombent à droite et à gauche sur les épaules. Il est revêtu d'un chiton, et tient un un objet dans sa main droite.

Trouvé à Périnthe. — Hauteur : o m. 15.

233. — PETITE TÊTE DE FEMME.

Calathos sur la tête qui est légèrement penchée à droite. Les cheveux sont partagés au milieu et retombent en ondulations sur les deux côtés.

Trouvée à Constantinople. — Hauteur : o m. 055.

234. — PETITE TÊTE DE JEUNE HOMME.

Bon travail attique de la fin du v⁰ siècle avant J.-C. Trouvée à Constantinople. — Hauteur : o m. 07.

235. — PETITE TÊTE.

Avec le cou. Probablement une tête de femme.

Archaïque? Trouvée à Constantinople. — Hauteur : o m. 05.

236. — TÊTE DE CHRONOS.

La tête est légèrement penchée à droite. Le visage a une expression un peu mélancolique.

Travail plein d'expression. Trouvée à Andrinople. — Hauteur : o m. 14.

237. — PETITE TÊTE D'HOMME.

La tête est légèrement penchée à gauche. Les cheveux sont très abondants et emmêlés. Étranglement comme pour un cercle. Dans le crâne, trois trous de profondeur et de largeur différentes.

Asclepios? Trouvée à Smyrne. — Hauteur : o m. 13.

238. — TÊTE D'HOMME.

La tête est légèrement penchée à droite. Sur le haut du crâne se trouve un clou en fer antique.

Trouvée à Smyrne. — Hauteur : o m. 21.

239. — PETITE TÊTE D'HOMME.

Avec le cou et l'épaule droite. Dans les cheveux, un cercle épais. Cheveux sommairement esquissés.

Trouvée à Constantinople. — Hauteur : o m. o66.

240. — PETITE TÊTE.

Légèrement penchée à droite. Cheveux à peine indiqués.

Trouvée à Constantinople. — Hauteur : o m. o6.

241. — PETITE TÊTE D'HARPOCRATE.

Avec le cou. Sur la bouche, deux doigts de la main droite.

Trouvée à Constantinople. — Hauteur : o m. o48.

242. — PETITE TÊTE.

Dans les cheveux un étranglement comme pour un cercle. La tête est légèrement penchée vers la gauche.

Trouvée à Constantinople. — Hauteur : o m. o75.

243. — PETITE TÊTE D'HOMME.

Toute la barbe et la moustache. Deux rides verticales entre les sourcils.

Trouvée à Smyrne. — Hauteur : o m. o7.

244. — ATHÉNA.

La tête est légèrement penchée vers la droite.

Trouvée à Constantinople. — Hauteur : o m. 14.

245. — PETITE TÊTE DE FEMME.

Hauteur : o. m. 115.

246. — TÊTE DE JEUNE HOMME.

Dans les cheveux, une couronne.

Travail décoratif romain. Dionysos ? Trouvée à Constantinople. — Hauteur : o m. 145.

247. — TÊTE D'ATHÉNA.

Elle est légèrement penchée vers la droite, et coiffée d'un casque orné de deux têtes de bélier.

Trouvée à Dorylaion. Voyez planche VI. — Hauteur : o m. 40.

248. — APHRODITE ANADYOMÈNE.

La déesse, nue, se tient debout sur la jambe droite, à côté d'un vase qui se trouve à sa droite et sur lequel est jeté un vêtement. Elle est sur le point d'attacher ses cheveux avec un large ruban, dont elle tient les extrémités dans ses mains levées et qui a déjà été passé une fois autour de ses cheveux. Les cheveux retombent derrière les oreilles, les recouvrant en partie, et sur le dos. En cet endroit, ils sont attachés encore une fois. Dans le lobe de l'oreille se trouvent des trous ronds, sans doute pour des boucles d'oreille.

Excellent travail grec du IIIe siècle avant J.-C. Trouvée à Panderma, dans un sarcophage en 1884. On trouva en même temps que cette statuette, des monnaies de Lysimachos et une inscription en miettes. Marbre de Paros. Publiée par Fortwaengler Voir également : Salomon Reinach, *Répertoire de la statuaire grecque et romaine*, tome III, p. 106. Voyez planches II, III et IV. — Hauteur : o m. 40.

249. — DIONYSOS.

Le dieu est assis, nu, sur un rocher taillé à angles droits, sur lequel est étendu un himation. Il appuie sa main sur le rocher et regarde en en haut, à gauche. Le vêtement remonte, derrière le dos, le long du rocher. Les cheveux sont partagés au milieu; ils portent un étranglement comme pour y enchâsser un cercle. Le visage a un peu une expression de rêverie ardente. La poitrine et le ventre sont très bien travaillés.

Travail grec du IIIe siècle avant J.-C. Trouvé à Rhodes. Publié par Derevitzky dans les *Publications de la Société d'Histoire et de littérature d'Odessa*, vol. XVIII, planche II, 10 a. b. et par Treu, dans *Olympia*, III, p. 222, fig. 248. Voir également Salomon Reinach, *Répertoire de la statuaire grecque et romaine*, tome III, p. 35. Voyez planche V. — Hauteur : o m. 207.

250. TORSE DE FEMME.

Le buste est habillé d'un chiton ceint très haut, et d'un himation jeté par dessus l'épaule gauche et enveloppant le haut de la cuisse. Le personnage se tient sur la jambe droite. Le bras gauche est pris dans l'himation.

Trouvé à Smyrne. — Hauteur : o m. 245.

251. — STATUETTE DE FEMME.

Elle porte un chiton dorien qui pend du haut du bras droit et y est agrafé; puis un himation qui enveloppe complètement le buste, laisse

libres l'épaule droite et la partie supérieure de la poitrine, est jeté au-dessus
de l'épaule gauche et s'en va obliquement par dessus la poitrine. La main
gauche est dans l'himation et se tient près du corps. Le personnage se
tient sur la jambe gauche.

Bon travail du IVe siècle. Trouvé à Constantinople. — Hauteur : o m. 20.

252. — TORSE D'APHRODITE.

La déesse se tient debout, appuyée sur la jambe droite. Le bas de
son corps est revêtu d'un himation qu'elle tient de la main gauche. A sa
droite est assis un petit Éros. Il a la jambe droite en l'air et appuie la
tête sur les deux mains, qu'il a mises sur ses genoux.

Trouvé à Constantinople. — Hauteur : o m. 22.

253. — TORSE D'ÉPHÈBE.

Le personnage porte sur l'épaule gauche une chlamyde qui y est agrafée
et qu'il a enroulée autour du bras gauche.

Marbre de Paros. Trouvé à Constantinople. Comparer : Arndt, vente au détail, série III,
p. 29 et suiv. — Hauteur : o m. 65.

254. — TORSE D'ÉROS.

Éros se tient sur la jambe gauche. Les cheveux, d'après ce qu'en
attestent encore les restes, retombaient par derrière largement et, de
chaque côté, il y en a une boucle entre le cou et l'aile. De chaque aile, il
ne reste qu'une ébauche. L'extrémité inférieure du carquois subsiste
encore. Excellente exécution par devant.

Trouvé à Constantinople. Publié par Arndt, vente au détail, n° 739.

Voir également : Salomon Reinach, *Répertoire de la statuaire grecque et romaine*, tome II,
p. 605. — Hauteur : o m. 47.

255. — TORSE D'HOMME.

Le buste porte un himation, attaché sur le sein gauche, et qui laisse
libre toute la moitié supérieure droite du corps. Par derrière, il recouvre
tout le dos. Dans le cou, un clou antique en bronze.

Très bon travail. Trouvé à Rhodes. Comparer Arndt, vente au détail, série II, p. 29
et suiv. — Hauteur : o m. 26.

256. — TORSE D'HOMME.

La forme, remarquablement musclée, est nue, sauf une peau de bête

attachée en-dessous du cou, descendant par derrière le long du dos vers
le côté gauche du corps.

Très bon travail grec du IIIe siècle avant J.-C. Trouvé à Constantinople. —
Hauteur : o m. 165.

257. — FRAGMENT DE SARCOPHAGE.

Scène de combat. A droite, Minerve debout.

Époque romaine. — Hauteur : o m. 54 ; longueur : o m. 90.

258. — RELIEF DE HÉROS.

Le héros est nu, sauf qu'il porte une chlamyde laissant libre le côté droit
de la poitrine et paraissant agrafée sur l'épaule droite. Il monte un
cheval qui bondit vers la droite. La main droite est rejetée en arrière
comme pour lancer quelque chose. A droite du cheval, une surface
rectangulaire.

Trouvé à Constantinople. — Hauteur : o m. 22 ; largeur : o m. 205.

259. — RELIEF DE HÉROS.

Un héros à cheval bondit vers la droite. Il porte un chiton court et
une chlamyde agrafée sur l'épaule droite et soulevée par le vent en
arrière. La main droite est rejetée en arrière comme pour lancer quelque
chose. Cheveux crépus très abondants.

Trouvé à Constantinople. — Hauteur : o m. 12 ; largeur : o m. 14.

260. — RELIEF DE HÉROS.

Cavalier à cheval, revêtu d'un chiton et d'une chlamyde volant en arrière.

Trouvé à Constantinople. — Hauteur : o m. 185 ; largeur : o m. 145.

261. — FIGURE INSULAIRE.

Forme ordinaire. Bras croisés, nez indiqué par une saillie, cou long.

Les bras sont également indiqués par des lignes d'incision ; il en est
de même pour la séparation des jambes. A la hauteur de l'épaule, dès le
bras, à droite et à gauche, un creux.

Trouvée à Constantinople. — Hauteur : o m. 069.

262. — ARME PRÉHISTORIQUE.

En pierre. — Hauteur : o m. o8.

263. — PETITE TÊTE DE FEMME.
De face.
Hauteur : 0 m. 09.

PETIT BAS-RELIEF.
Pierre jaune. Une tête de guerrier.
Hauteur : 0 m. 065.
2 pièces.

264. — EXTRÉMITÉ D'UN VÊTEMENT.
Trouvée à Constantinople. — Hauteur : 0 m. 19.

265. — STATUETTE D'UN BARBARE.
Il est assis, un bâton dans la main droite. Il est drapé.
Hauteur : 0 m. 34.

266. — TÊTE DE FEMME.
Inscription sur le front.
Hauteur : 0 m. 15.

267. — BAS-RELIEF.
Un empereur romain de profil.
Hauteur : 0 m. 15.

268. — FRAGMENT DE PIED.
Longueur : 0 m. 16.

269. — MOSAIQUE.
Elle représente un chat assis regardant en avant.
Époque alexandrine. — Diamètre : 0 m. 40.

ORFÈVRERIE

270. — PETIT COLLIER.
En or.
Époque ptolémaïque. — Longueur : 0 m. 21.

271. — COLLIER.

En or et cornaline, fermé par une boule en émeraude.

Époque ptolémaïque. — Longueur : o m. 19. — Voyez planche X.

272. — COLLIER.

En or et verrerie bleue saphir, orné d'une pendeloque en forme de grappe de raisin en or granulé.

Époque ptolémaïque. — Longueur : o m. 37. — Voyez planche X.

273. — COLLIER.

En or, composé de perles en verrerie irisée de différentes couleurs et d'une pendeloque en or, ornée d'un verre émeraude.

Époque ptolémaïque. — Longueur : o m. 38. — Voyez planche X.

274. — COLLIER.

En or, avec perles et verrerie irisée de couleurs différentes.

Époque ptolémaïque. — Longueur : o m. 37. — Voyez planche X.

275. — COLLIER.

En or, avec fermoir en tête de méduse en haut relief.

Époque ptolémaïque. — Longueur : o m. 32. — Voyez planche X.

276. — ÉPINGLE.

En or, avec boule et pendeloque en ambre.

Travail ptolémaïque. — Voyez planche X.

277. — ÉPINGLE.

En or, avec boule et pendeloque en pâte de verre bleue turquoise.

Époque ptolémaïque. — Voyez planche X.

278. — ÉPINGLE.

En or, avec deux pendeloques en verrerie bleue turquoise.

Travail ptolémaïque. — Voyez planche X.

279. — GRANDE BOUCLE D'OREILLE.

En or repoussé et ciselé, avec un pendentif composé d'un anneau et d'un petit vase.

Époque ptolémaïque. — Voyez planche XI.

280. — DEUX PETITES FIGURES.
En or repoussé.
Époque ptolémaïque.

281. — BOUCLE D'OREILLE.
En or représentant un animal fantastique. Dans le haut, un grenat.
Époque ptolémaïque.

282. — PAIRE DE BOUCLES D'OREILLE.
En or et cristal de roche.
Époque ptolémaïque. — Voyez planche X.

283. — PENDELOQUE.
En or, en forme de vase. Travail en or granulé.
Époque ptolémaïque. — Voyez planche XI.

284. — PAIRE DE BOUCLES D'OREILLE.
En or et en forme de chenilles.
Époque ptolémaïque. Ancienne collection Guilhou.

285. — PAIRE DE BOUCLES D'OREILLE.
En or, avec deux têtes de nègres en verre irisé. Spécimen unique.
Époque ptolémaïque. — Voyez planche X.

286. — FEUILLE D'OR.
Elle est estampée et représente une divinité, debout, de face, soulevant par la queue deux lions. Elle est désignée sous le nom d'« Artémis persique ». Dans le haut, trois rosaces.
Trouvée à Rhodes. Travail archaïque du ve siècle avant J.-C. — Voyez planche XI.

287. — TROIS FRAGMENTS DE CHARNIÈRE.
En or estampé, avec têtes de face en relief.
Travail archaïque du ve siècle avant J.-C.

288. — PAIRE D'ORNEMENTS DE CHEVEUX.
En or, en forme de rosaces.
Travail grec du IIIe siècle avant J.-C.

289. – DOUBLE BAGUE.

En or, avec feuilles ciselées, et nœud d'Hercule. Double chaton avec deux émeraudes.

Travail grec du iiie siècle avant J.-C.

290. – PETITE FIBULE.

A « navicella », en or battu et orné de fins filigranes. L'arc est traversé au milieu par une crête ajourée; de chaque côté se voient une bordure d'oves et une grande palmette; le fil de l'ardillon fait quatre tours de spirale avant de s'élancer vers la gaine qui est ornée d'une palmette, d'oves et de denticules.

Travail grec du iiie siècle avant J.-C., d'une très grande délicatesse. Ancienne collection Guilhou. — Voyez planche XI.

291. – ANNEAU DE CHEVEUX.

En or ciselé. A chaque extrémité de l'anneau, une tête de femme.

Travail grec du iiie siècle avant J.-C. — Voyez planche XI.

292. – PETITE PENDELOQUE.

En or, représentant une divinité debout, nue et ailée.

Travail grec du iie siècle avant J.-C. — Voyez planche XI.

293. – PETITE PLAQUETTE.

En or ciselé, représentant le portrait de Caracalla.

Travail alexandrin. — Voyez planche XI.

294. – PAIRE DE BOUCLES D'OREILLE.

En or, représentant des victoires ailées.

Travail grec du iie siècle avant J.-C. — Voyez planche XI.

295. – BOUCLE D'OREILLE.

En or; tête de lion.

Travail grec du iie siècle avant J.-C. — Voyez planche XI.

296. – BOUCLE D'OREILLE.

En or; un dauphin en cornaline monté par un Amour.

Travail grec du iie siècle avant J.-C. — Voyez planche X.

297. — BOUCLE D'OREILLE.
En or, représentant un aigle tenant une proie entre ses serres.
Travail grec du IIe siècle avant J.-C. — Voyez planche XI.

298. — PAIRE DE BOUCLES D'OREILLE.
En or, forme hémisphérique, avec dessins filigranes.
Travail grec du IIe siècle avant J -C. — Voyez planche XI.

299. — PAIRE DE BOUCLES D'OREILLE.
En or. Deux cupidons jouant de la flûte de Pan.
Travail grec du IIe siècle avant J.-C. — Voyez planche XI.

300. — PAIRE DE BOUCLES D'OREILLE.
En or, représentant deux têtes de lion.
Travail grec du IIe siècle avant J.-C. — Voyez planche XI.

301. — COLLIER.
En or, pierre dure et verrerie, composé de boules en or avec dessins
en relief; très finement ciselé.
IIe siècle avant J.-C. — Longueur : o m. 20. — Voyez planche X.

302. — COLLIER.
En or, formé par une série de doubles rosaces en or; fermoir en or granulé.
IIe siècle avant J.-C. — Longueur : o m. 30. — Voyez planche X.

303. — PAIRE DE BOUCLES D'OREILLE.
En or; pendentif en forme de navire orné de filigranes.
Travail du Ier siècle avant J.-C.

304. — BOUCLE D'OREILLE.
En or, en forme de tête de lion avec les yeux émaillés.
Travail grec du Ier siècle avant J.-C.

305. — PAIRE DE BOUCLES D'OREILLE.
En or, en forme d'amphore, la partie supérieure ajourée, à dessins
d'entrelacs.
Travail grec du Ier siècle avant J.-C. Ancienne collection Guilhou.

306. — PAIRE DE BOUCLES D'OREILLE.

En or, en forme de marguerites. Au centre de chaque boucle, un grenat.

Travail grec du Ier siècle avant J.-C. — Voyez planche X.

307. — DIADÈME.

En or. Au centre, en relief, des empreintes de drachmes et hemi-drachmes de Rhodes et de Synope (?): tête radiée du soleil de face, rose accostée des lettres PO, tête de nymphe de profil.

Travail grec du Ier siècle avant J.-C. Ancienne collection Guilhou. — Voyez planche XI.

308. — DIADÈME.

En or; forme d'une couronne de lauriers.

Travail romain du Ier siècle avant J.-C.

309. — FIBULE.

En bronze ciselé, avec dessins géométriques et ornements. Un lapin en or en train de brouter, est appliqué au centre du corps de la fibule.

Travail romain du Ier siècle avant J.-C.

310. — FEUILLE D'OR.

Dessins géométriques gravés et en relief.

Travail étrusque.

311. — PAIRE DE BRACELETS.

En bronze. Deux têtes de bélier en or à chaque bracelet.

Travail syrien du Ier siècle avant J.-C. — Voyez planche XI.

312. — SIX PIÈCES EN OR.

Lot composé de trois rondelles, une étoile, un dé et une petite rondelle.

OBJETS DIVERS

313. — LAMPE.

Pied d'aigle; la partie supérieure est formée par une tête d'aigle tenant dans le bec une foudre. Sur le corps de la lampe, une tête de lion.

Travail de la Renaissance de Padoue. Patine antique.

Hauteur: 0 m. 29.

VITRINES ET COLONNE

314. — VITRINE DE MILIEU.

En acajou vernis. Les quatre arêtes sont des petites colonnes à cannelures verticales. Le bas forme un coffre avec châssis coulissant. Deux rayons en vitres.

Hauteur : 1 m. 90. — Longueur : 1 m. 17. — Profondeur : 0 m. 67.

315. — VITRINE DE MILIEU.

Elle est bordée en cuivre et repose sur un pied en bois vernis.

Longueur : 0 m. 90. — Hauteur : 1 m. — Profondeur : 0 m. 70.

316. — VITRINE.

En bois noir vernis avec deux châssis coulissant sur une face. Deux grands rayons et un petit rayon.

317. — COLONNE.

En marbre noir, avec chapiteau tournant et base.

Hauteur : 1 m. 46.

COLLECTION

DE

Son Exc. Mr. de NELIDOW

ancien Ambassadeur de Russie à Paris

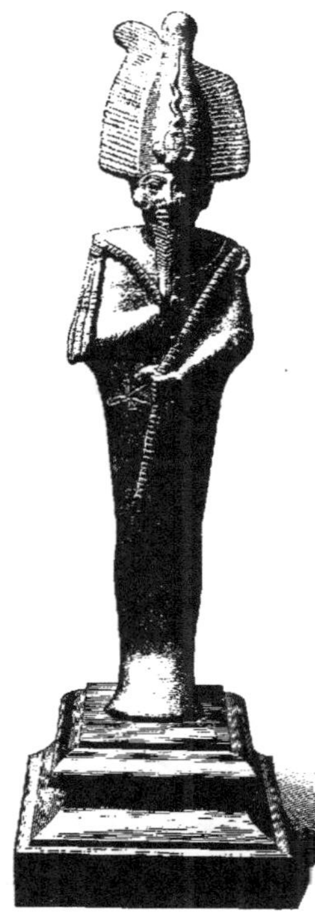

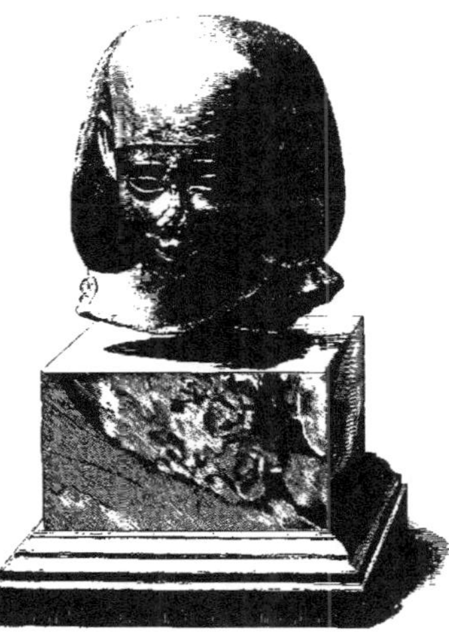

ART ÉGYPTIEN

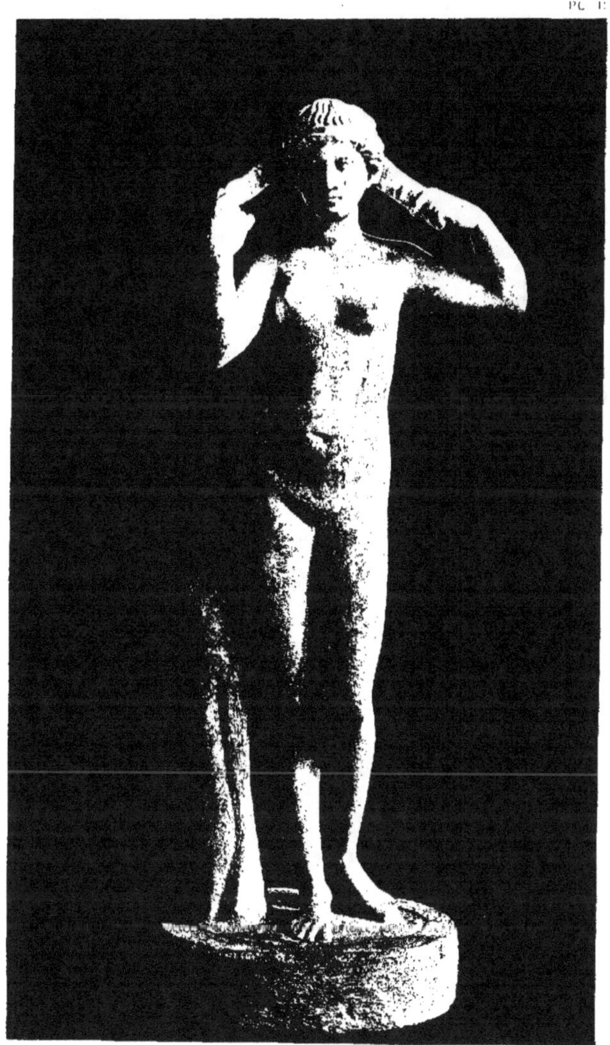

MARBRE

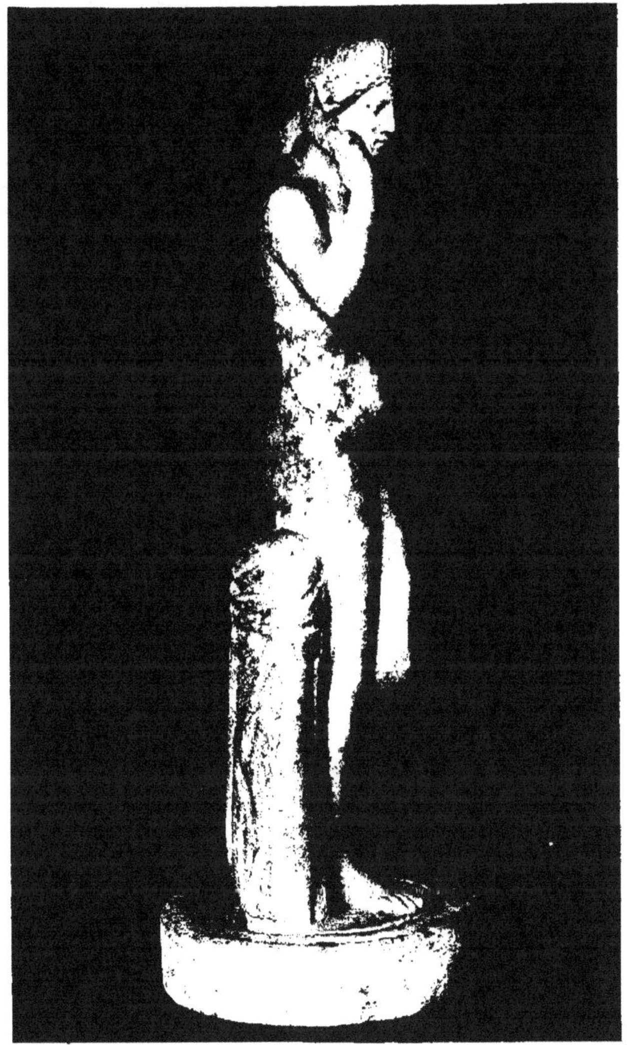

MARBRE

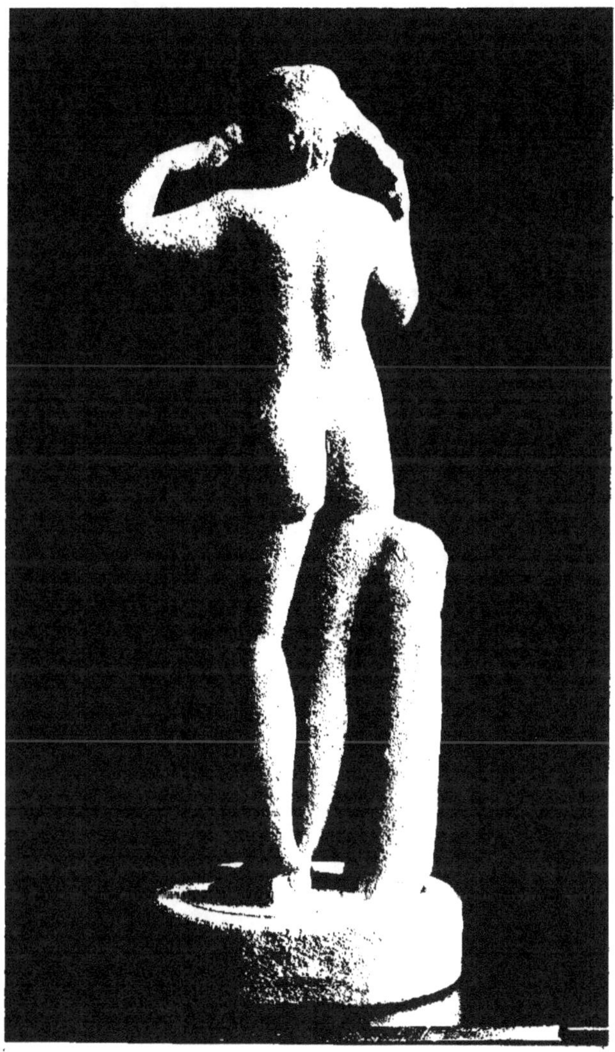

MARBRE

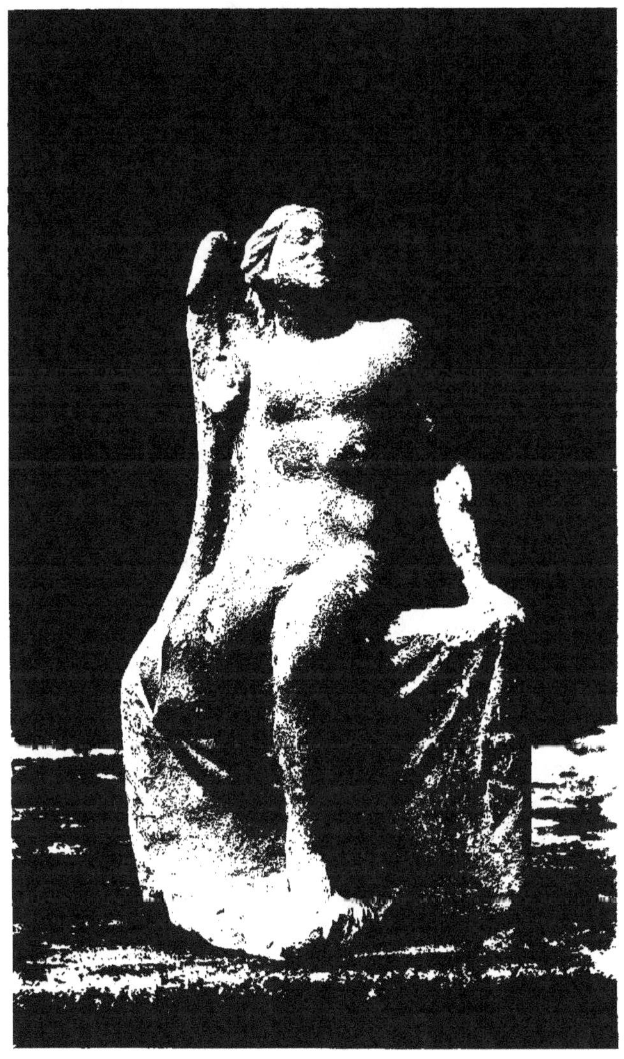

MARBRE

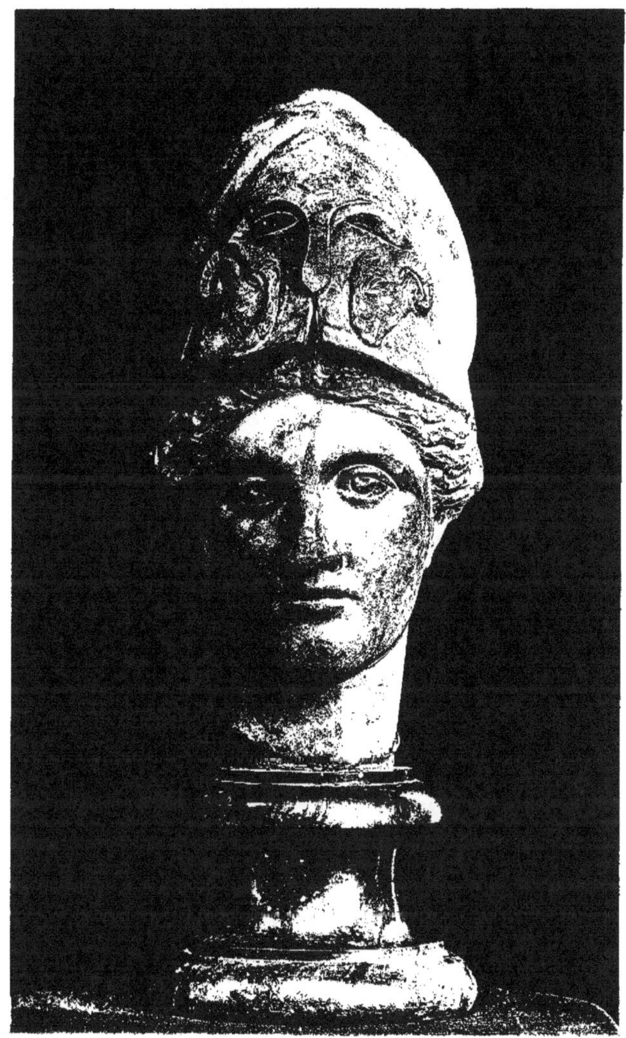

MARBRE

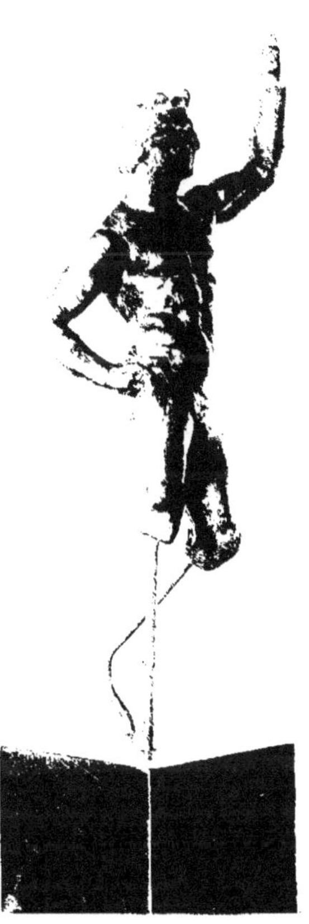

BRONZE

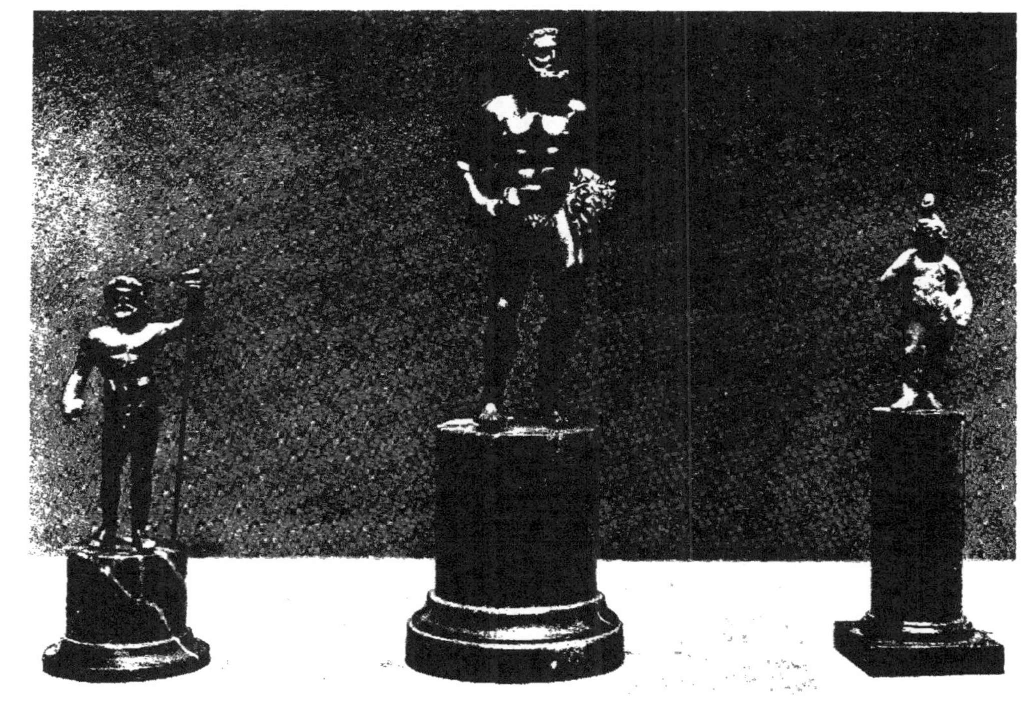

BRONZES

COLLECTION NELIDOW

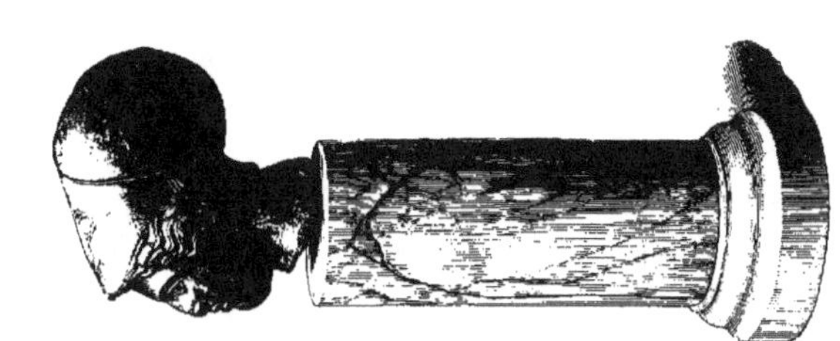

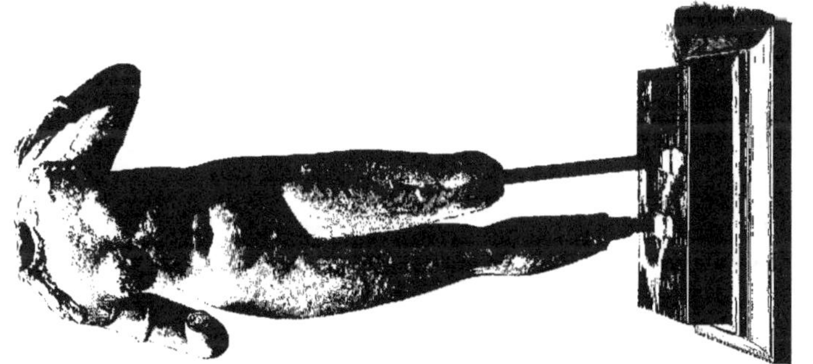

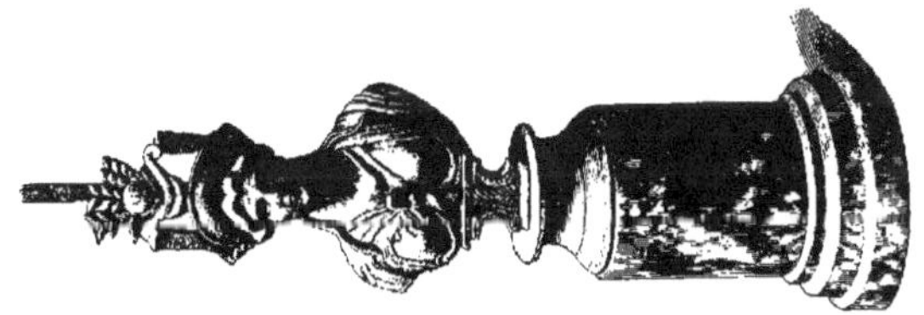

BRONZES

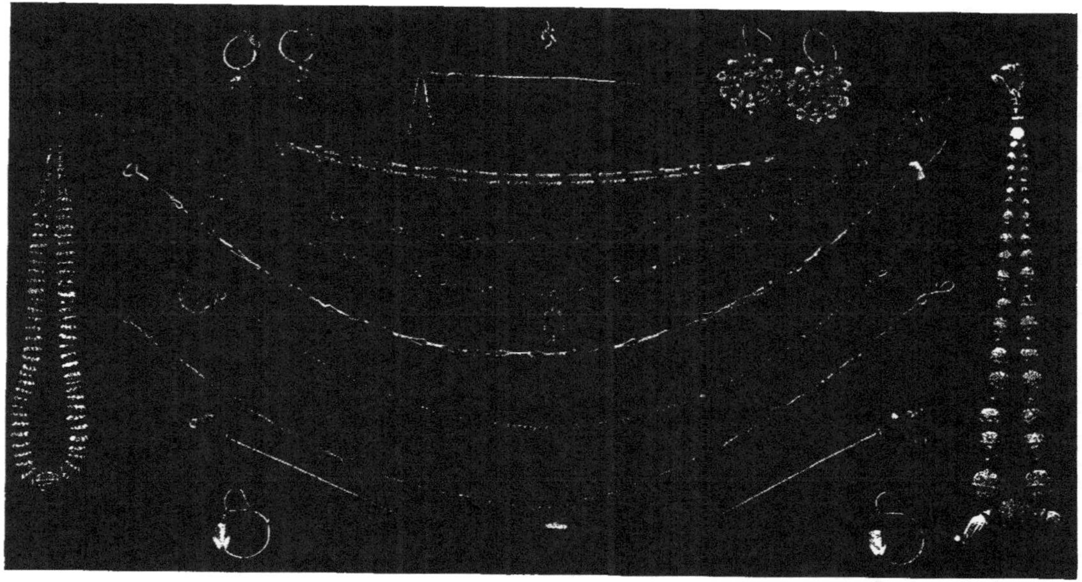

ORFÈVRERIE

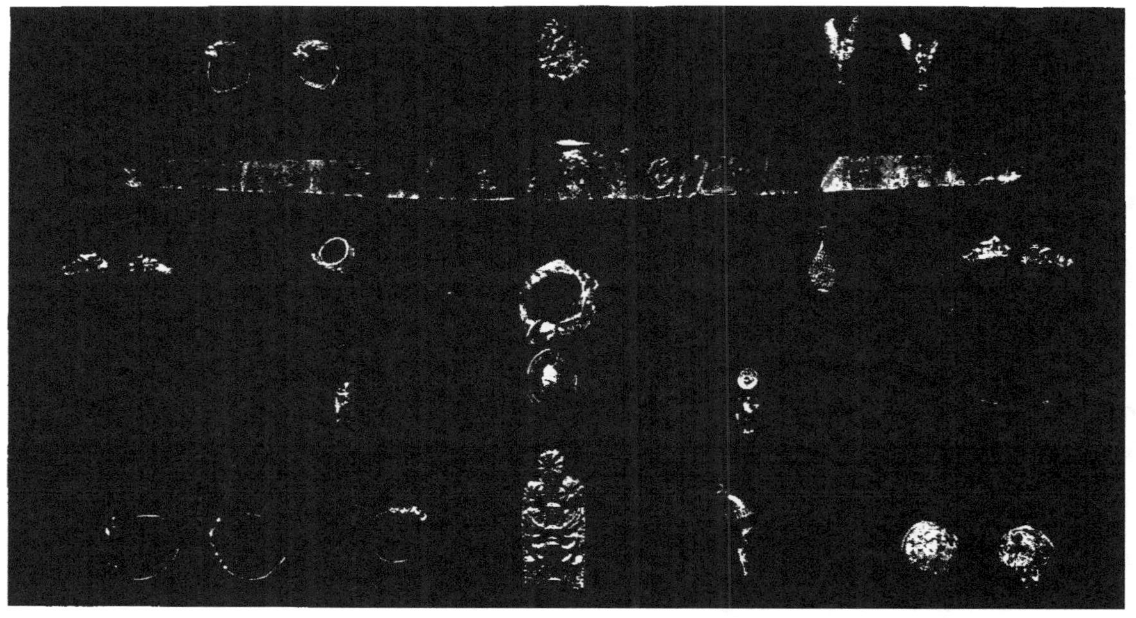

ORFÈVRERIE

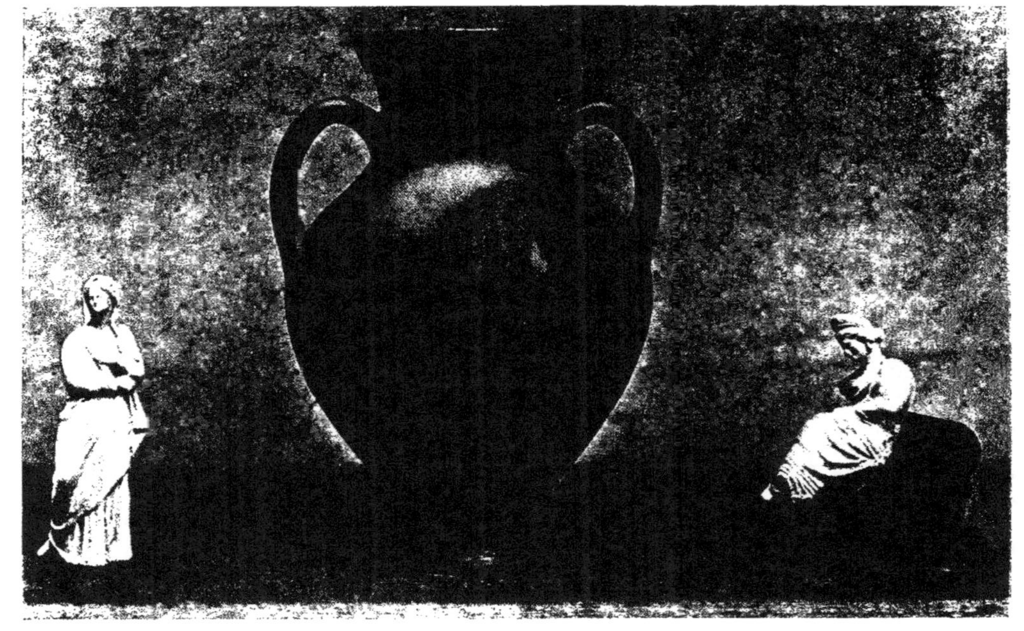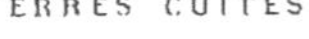

TERRES CUITES

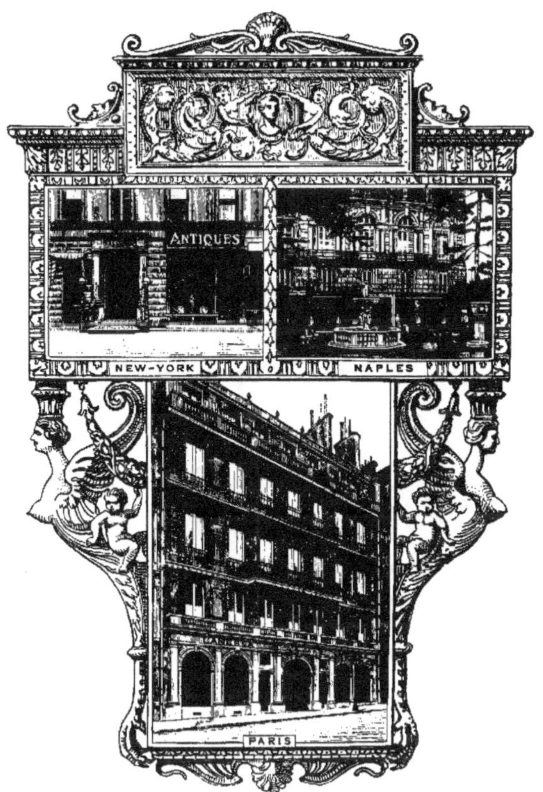

C. & E. CANESSA

ANTIQUAIRES

NAPLES	PARIS	NEW-YORK
PIAZZA DEI MARTIRI	125, AVENUE DES CHAMPS-ELYSÉES.	470, FIFTH AVENUE